22 Juni 1887.

CATALOGUE

D'UN

MOBILIER

Meubles anciens, Beau Lit Renaissance

Ameublement du Premier Empire

TAPISSERIES D'AUBUSSON ET DE LA RENAISSANCE

Très grand Lustre
Jolie Pendule du temps de Louis XVI
Jolie Statuette équestre de Louis XIV en marbre blanc

TABLEAUX

Par Jongkind, Diaz, Lavieille, Lambinet, Héroult, etc.

AQUARELLES — DESSINS

Argenterie — Plaqué

LIVRES

DONT LA VENTE AURA LIEU

HOTEL DROUOT, SALLE N° 1

Le Mercredi 22 Juin 1887, à 2 heures

COMMISSAIRE-PRISEUR

M⁰ PAUL CHEVALLIER, 10, rue de la Grange-Batelière.

EXPERTS

M. CH. MANNHEIM	**M. MARTIN,** libraire
7, rue Saint-Georges, 7	18, rue Séguier, 18.

EXPOSITION PUBLIQUE

Le Mardi 21 Juin 1887, de une heure à cinq heures.

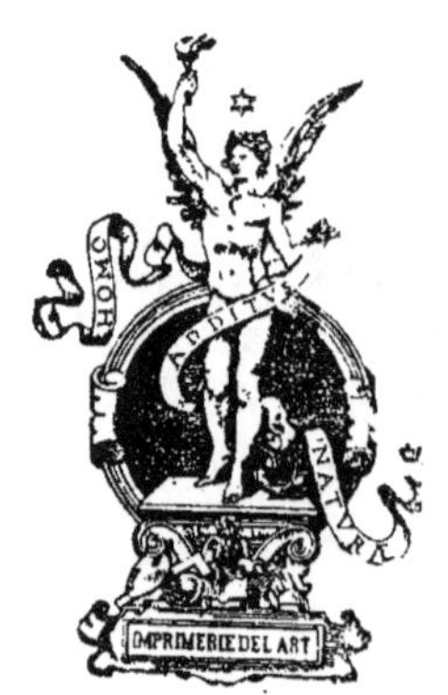

HOMO
ADDITVS
NATVRÆ
IMPRIMERIE DEL ART

CONDITIONS DE LA VENTE

Elle sera faite au comptant.

Les acquéreurs paieront, en sus des adjudications, *cinq pour cent* applicables aux frais.

L'exposition mettant le public à même de se rendre compte de l'état des objets, il ne sera admis aucune réclamation une fois l'adjudication prononcée.

Paris. — Imp. de l'Art. E. MÉNARD et J. AUGRY, 41, rue de la Victoire.

DÉSIGNATION DES OBJETS

TABLEAUX

ANASTASI

1 — *Clair de lune.*

BEAUPLAN

2 — *Buffles à l'abreuvoir.*

DAGNAN

3 — *Un Coin de Fontainebleau.*

4 — *Route en forêt.*

DIAZ

5 — *Paysage.*

FESSER

6 — *Paysage.*

HÉROULT

7 — *Le Soleil sur la Gironde.*

8 — *Marine.*

JONGKIND

9 — *Les Patineurs.*

10 — *La Meuse à Rotterdam.*

11 — *Clair de lune.*

KUWASSEG

12 — *Marine.*

LALANNE

13 — *Paysage.*

LAMBINET

14 — *Paysage.*

LAVIEILLE
(EUG.)

15 — *Crépuscule.*

16 — *Sous bois.*

MOREL-FATIO

17 — *Bomarsund.*

PHILIPPOTEAUX

18 — *Scène militaire; Algérie.*

ROZIER

(JULES)

19 — *Un Moulin.*

WASHINGTON

20 — *Une Halte ; Algérie.*

AQUARELLES — DESSINS

DELAROCHE

(PAUL)

21 — *Étude de roseaux.* Mine de plomb.

HÉROULT

22 — *Le Pont de Sèvres.*

23 — *Le Port de Brest.*

HÉROULT

24 — *Le Missouri.*

25 — *Le Mont Saint-Michel.*

HÉROULT

26 — Plusieurs aquarelles et dessins sous
ce numéro.

ÉCOLE MODERNE

27 — Plusieurs pastels sous ce numéro.

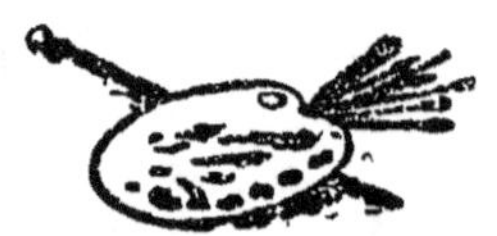

MOBILIER

OBJETS D'ART, BRONZES, ETC.

28 — MARBRE BLANC. Statuette équestre de Louis XIV jeune, vêtu à l'antique.
Travail du temps.

Haut., 1 mètre.

29 — Jolie pendule du temps de Louis XVI, avec mouvement de *Le Comte, à Paris,* à triple cadran et avec façade émaillée par COTEAU, de Sèvres. Un des cadrans marque les heures, les quantièmes, etc.; le second, les phases de lune, et le troisième, les saisons avec des attributs qui les qualifient. L'arceau d'émail, à fond bleu, est rehaussé de perles et d'ornements en couleurs.

Le socle en marbre blanc est enrichi d'un bas-relief en bronze doré, représentant des jeux d'amours.

30 — Violon portant l'étiquette : *Nicolaus Amaticis Cremonica Hieronomi filius Antoni nepos fecit Anno 1600.*

31 à 33 — Suite de trois jolies tapisseries d'Aubusson, représentant des sujets champêtres

dans le goût de Boucher, placés sous des porti-
ques à colonnes entourées et reliées par des
festons de fleurs. Un trophée d'attributs et
d'instruments champêtres est suspendu au-des-
sus de chacun des paysages à l'aide de rubans.

Haut., 2 m. 15 cent.
Larg., 2 m. 45 cent., 2 m. 35 cent. et 2 m. 25 cent.

34 — Quatre tapisseries d'Aubusson, représentant
chacune une colonne semblable à celles des tapisseries qui précèdent.

35 — Beau devant d'autel en soie cerise, décoré
d'élégantes arabesques en broderie de fils d'argent en relief, avec grosses fleurs et cartel mé-
dian en fils d'argent doré. Époque Louis XIII.

Haut., 98 cent.; larg., 2 m. 22 cent.

36 — Buffet flamand, à trois vantaux ornés de mou-
lures et encadrés de montants à mascarons et
fruits.

37 — Bas de meuble Renaissance, en bois sculpté
à figurines d'amours dans des médaillons, chi-
mères, draperies, etc.

38-39 — Deux consoles Louis XV, en bois sculpté
à jour et doré, à décor de rocailles et de feuillages avec tablettes en marbre vert de mer.

40 — Cabinet étagère en laque du Japon, fond noir, incrusté de burgau.

41 — Petite table à ouvrage, à trois tiroirs, en marqueterie de bois rose et de bois violette, à carrelage.

42 — Table-console à pieds contournés, en bois rose et marqueterie de bois clair.

43 — Petit bureau-commode Louis XV, plaqué de bois rose et décoré d'instruments de musique, de vases à fleurs, etc., en marqueterie de bois clair.

44 — Console Louis XVI, à côtés cintrés, en bois d'acajou, garni de perles en bronze avec tablette d'entrejambe et dessus de marbre blanc à galerie.

45-46 — Deux coffrets turcs, en mosaïque de nacre, d'écaille et d'os.

47 — Petit cabinet en laque de Chine, décoré en dorure sur fond noir.

48 — Cabinet de style Louis XIII, en bois noir, plaqué d'écaille et incrusté de filets d'ivoire.

49 — Table à jeu en acajou, à filets de cuivre.

50 — Grand et beau lustre de style Louis XIV, garni de cristaux.

51 — Autre lustre, moins grand.

52 — Secrétaire du premier Empire en acajou, à
montants décorés de colonnes engagées, avec
chapiteaux, appliques-cygnes, entrées, etc.,
en bronze doré. Dessus de marbre noir.

53 — Commode de même ornementation.

54 — Armoire Empire à glace, en acajou, à colonnes
d'angles, garnie de médaillons, de palmettes et
de chapiteaux en bronze doré.

55 — Toilette Empire surmontée d'une glace ovale.

56 — Guéridon rond en acajou, porté par trois
pieds décorés de termes de femmes, à têtes en
bronze doré.

57 — Ameublement de salon du temps de l'Empire,
en bois sculpté et doré recouvert en lampas :
un canapé, quatorze fauteuils et douze chaises.

58 — Deux consoles en bois doré, avec dessus en
marbre blanc.

59 — Pendule Empire en bronze, à figures d'en-
fants. Cadran au nom de Thomire.

60 — Deux candélabres à six lumières s'échappant
de corbeilles supportées par des statuettes de
femmes ailées.

61 — Tableau-applique hébraïque, en argent.

62 — Deux flambeaux hébraïques en argent, en forme d'édicule hexagone à trois étages, garnis de pierres de couleurs et de sonnettes.

63 — Boîte plate en or ciselé et guilloché.

64 — Nécessaire de poche revêtu de cuir; garniture et ustensiles en argent.

65 — Couteau à manche en filigrane d'argent et deux cachets, bois et ivoire.

66 — Petite pendule à cadran tournant, en forme de vase-trépied en nacre et bronze doré.

67 — Quatre statuettes en ivoire.

68 — Boîte formée d'un boîtier de montre. Style Louis XV.

69 — CHAMBRE A COUCHER EN PALISSANDRE.

70 — SALLE A MANGER, VIEUX CHÊNE.

71 — SALON, PALISSANDRE.

72 — TAPIS D'AUBUSSON.

73 — PIANO EN PALISSANDRE.

74 — NOMBREUX MEUBLES COURANTS.

75 — PLUSIEURS PETITS MEUBLES, vitrines, bibliothèques, tables en bois rose garni de bronzes.

76 — ARGENTERIE. Porte-huilier, bouts de table, salières, fourchettes à huîtres, etc.

77 — ARGENTURE. Plateaux, théières, beurriers.

78 — VERRERIE, CRISTAUX.

79 — PORCELAINES.

80 — LIVRES.

81 — Deux pièces : châtelaine Louis XV, en cuivre doré avec plaquettes en porcelaine de Saxe et un éventail en ivoire sculpté.

82 — Quatre pièces : montre Louis XVI, en or; montre Louis XV et deux châtelaines en cuivre doré.

83 — Album à photographies.

84 — Douze pièces de costume Louis XV et Louis XVI : habits, gilets, culottes brodés, chemise avec garniture brodée.

85 — Un volume, *XVIIIe Siècle*, institutions, usages et costumes, par Paul Lacroix. Paris, 1878.

86 — Six pièces : couverture damas rouge, coussin turc en broderie sur toile, coussin persan bro-

derie sur toile, bande de la Bulgarie en broderie de soie, lot de glands anciens en soie, 9 mètres de frange rouge.

87 — Jeu d'échecs bronze doré et argenté, et un tapis de jeu en soie, bordé de bronze.

88 — Deux cordons de sonnettes, en tapisserie au petit point.

89 — Six chaises ornées de petits balustres.

90 — Prie-Dieu en bois sculpté.

91 — Commode Louis XIV, en bois satiné à angles cannelés et à dessus de marbre.

92 — Trois anciennes lanternes.

93 — Grand vase en cuivre argenté.

94 — Boîte ovale à plusieurs compartiments en cuivre gravé et étamé de la Perse.

95 — Coffret en fer.

96 — Lot de cuir peint.

97 — Six pièces : petite mandoline, quatre flacons verre et tête de cheik.

98 — Tapisserie du XVIIᵉ siècle, représentant des cavaliers de l'antiquité, combattant près d'un

pont ; bordure formée de fleurs, de fruits et de rubans.

99 — Meuble de salon, style Louis XV, acajou couvert en moquette.

100 — Plat persan en cuivre finement gravé.

101 — Tapis de velours à dessins grenat sur fond jaune.

102 — Grand et beau lit Renaissance, en bois sculpté d'une riche ornementation à colonnes cannelées, avec ses rideaux en ancien lampas et bandes en guipure, et le tour de lit en beau velours bordé de passementeries multicolores et d'un effilé de soies.

103 — Lot de colonnes, montants et fragments de meubles en bois sculpté de diverses époques.

104 — Grand divan, garni mais non couvert.

105 — Tapisserie Renaissance, représentant Camille livrant le maître d'école des Falisques à ses écoliers.

106 — Tapisserie Renaissance, représentant une chasse aux fauves avec bordure à feuillages sur fond jaune.

107 — Violoncelle, suspension, casier à musique, poêle.

108 — Rideaux en tapisserie d'Orient.

109 — Trois tapis.

110 — Cinq glaces Louis XIII et Louis XIV, cadres sculptés à fronton, cadres ébène. Seront vendus sous ce numéro.

111 — Deux fauteuils, bois sculpté. Style Louis XIII.

112 — Deux paires de vases Louis XVI, terre cuite.

113 — Paire d'appliques en bois.

114 — BRONZE. Vénus.

115 — BRONZE. Amour à la flèche.

116 — Vitrine bois rose. Louis XVI.

117 — Table rognon, bois rose avec cuivres.

118 — Pendule bois sculpté.

119 — Applique en fer.

120 — Quatre rideaux.

121 — Pelle et pincettes.

122 — Bergère Louis XVI.

123 — Paire de pistolets Louis XIV.

124 — Fusil Louis XIII.

125 — Arbalète.

126 — Table rognon, vernis Martin.

127 — Coffret, broderie Louis XVI.

128 — Table Louis XV, vernis Martin.

129 — Table Louis XV, en bois violette.

130 — Glace Louis XIV, cadre sculpté; dessus de porte.

131 — Grande table Louis XIV, bois sculpté avec dessus en marbre.

132 — Grande commode Louis XV, bois rose garni de cuivres.

133 — Lot de cuirs de Cordoue.

134 — Encrier Empire, bronze et marbre.

135 — Robe Louis XV.

136 — Deux coussins, velours rouge avec broderies.

137 — Deux rideaux d'ancien damas.

138 — Morceau d'étoffe Louis XVI.

139 — Coffret Henri II, maroquin doré au petit fer.

140 — Glace Louis XIII, cadre sculpté.

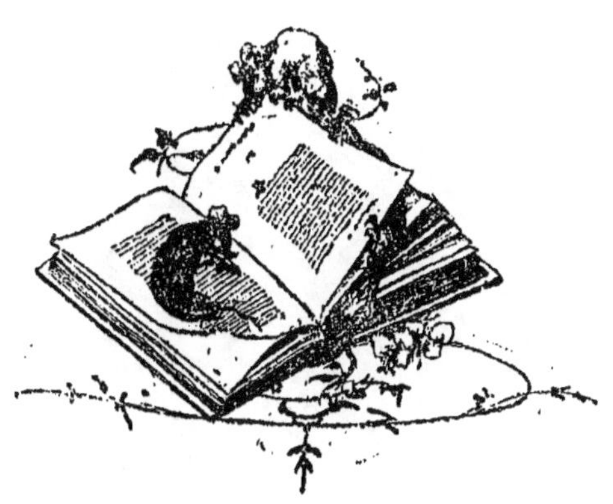

www.ingramcontent.com/pod-product-compliance
Lightning Source LLC
LaVergne TN
LVHW020849200726
843508LV00003B/1122